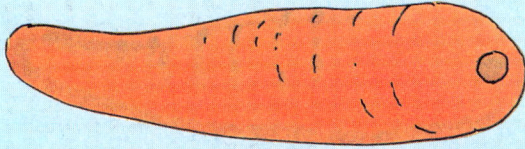

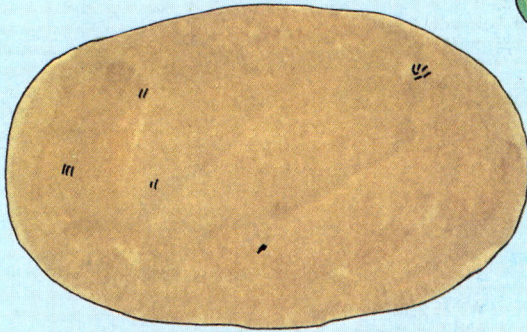
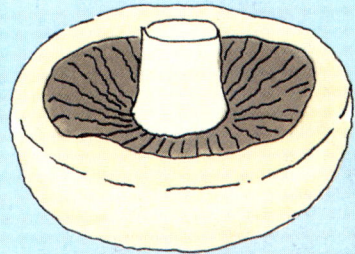

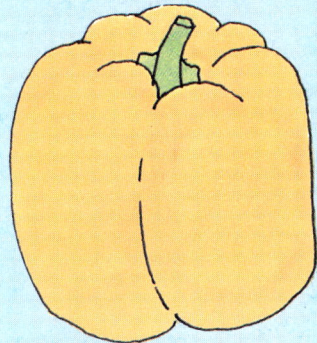

Adaptation française de Monique Souchon

Première édition française 1989 par Librairie Gründ, Paris

© 1989 Librairie Gründ pour l'adaptation française
ISBN : 2-7000-4435-5
Dépôt légal : avril 1989
Photocomposition : Paragraphic, Toulouse
Imprimé en Italie par L.E.G.O.
Édition originale 1988 par Walker Books Ltd, Londres
© 1983, 1988 Walker Books Ltd pour le texte
© 1988 Maureen Roffey pour les illustrations

Loi n° 49-956 du 16 juillet 1949 sur les publications destinées à la jeunesse

LES REPAS

ILLUSTRATIONS DE
Maureen Roffey

Gründ

Jouer à saute-mouton, courir,
tous ces jeux donnent faim.

Quels autres jeux te donnent faim ?

Qui d'autre a faim ?
Que mangent tous ces animaux ?

Si on a des grenouilles dans le ventre,
il est temps de manger.
D'abord, on se lave les mains.

Ensuite, on met le couvert.

Que place-t-on sur la table ?

Et maintenant,
un peu de soupe pour grandir.
Quelle est ta soupe préférée ?

Puis un plat de légumes.
Quels légumes aimes-tu ?

Et puis voilà des pâtes.

Comment les manges-tu ?

Non ! Pas avec les doigts.

Que peut-on manger avec les doigts ?

Il existe un grand nombre de fruits et de légumes.

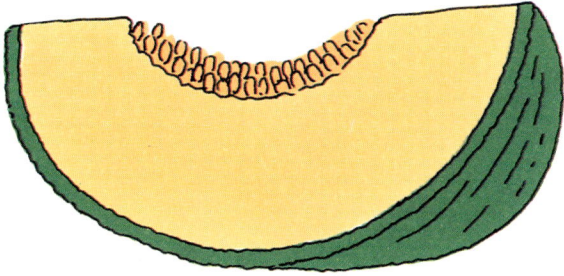

Peux-tu nommer tous ceux
qui sont sur cette page ?
Et dire leur couleur ?

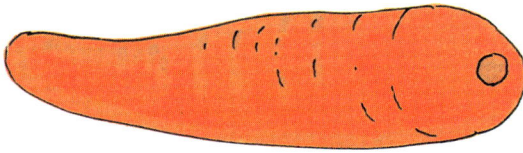

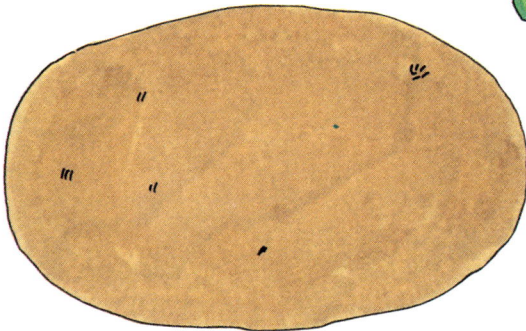

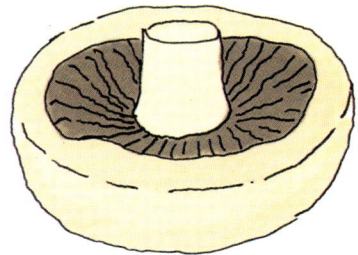

Connais-tu ces boissons :

le lait pour les bébés,

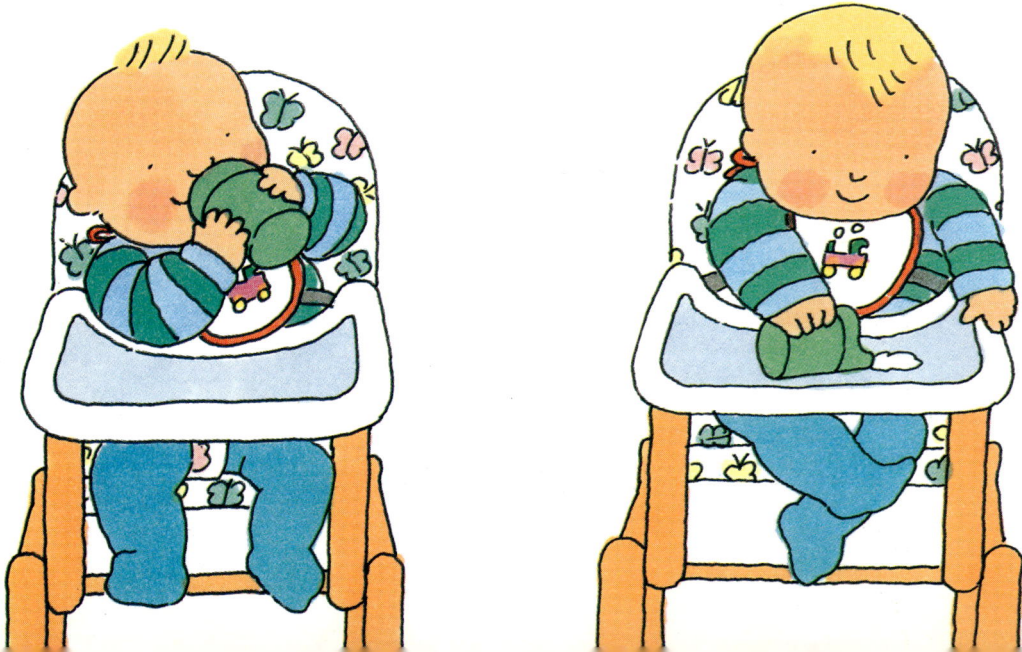

le jus d'orange, la citronnade,

le thé et le café
pour les grandes personnes.
Quelles boissons aimes-tu ?

Que mange-t-on
lors d'un pique-nique ?
Aimes-tu les pique-niques ?

Que font tous ces enfants ?
Raconte un goûter
d'anniversaire.

Que fait-on après le repas ?

Où range-t-on plats et casseroles ?

Le repas est terminé.
Allons nous promener !

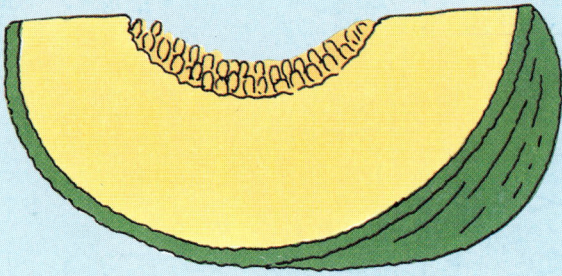